Pour Germain

Halte aux livres! ....

drôle de titre pour
un livre car j'aime
beaucoup les livres,
enfin... heu... pas
tous les jours, peut être!

Brigitte
Smadja.

Brigitte Smadja

Halte aux livres !

Illustrations de Serge Bloch

Mouche de poche
l'école des loisirs
11, rue de Sèvres, Paris 6e

Loi numéro 49 956 du 16 juillet 1949 sur les publications
destinées à la jeunesse : mars 1993
Dépôt légal : février 1996
Imprimé en France par Mame à Tours

À mon ami Gabriel Ceriani-Sebregondi

Ce que j'aime le plus au monde, c'est démonter des choses puis les remonter. C'est plus dur de les remonter que de les démonter.

Je suis tranquillement en train de démonter la lampe du salon quand papa me dit :

– Arrête de t'agiter, Basile. Je ne me sens vraiment pas bien aujourd'hui.

Je lâche la lampe, mais comme j'ai déjà beaucoup avancé mes expériences électriques, l'abat-jour se penche sur le côté.

– Mais qu'est-ce que tu as fait, Basile ? Tu as encore démonté une lampe ?

Papa lève sa tête enfouie sous des papiers recouverts de colonnes de chiffres.

J'essaie de remettre l'abat-jour tout droit, mais rien à faire, l'abat-jour penche un peu plus.

– Ça y est ! Il va falloir que je répare ce truc-là ! Mais pourquoi fais-tu toujours des bêtises ? Tu m'écoutes, Basile ?

Je regarde mes pieds. L'autre jour, quand j'avais démonté la radio, la voix de papa s'était transformée en cyclone et je le regardais droit dans les yeux. Papa m'avait expliqué que c'était une attitude insolente. Main-

tenant, je regarde mes pieds, mais ça ne va pas non plus.

– Tu sais que ça coûte cher une lampe ?

– Oui, papa.

Je ne quitte pas des yeux mes chaussures. La semelle commence à se décoller.

– Écoute, Basile, j'ai un travail fou ce week-end et, en plus, je crois que j'ai attrapé froid. Alors, tu me laisses un moment et tu arrêtes de démonter la maison. Tu devrais lire un bon livre. Tu en as plein dans ta bibliothèque.

Un livre ! Toujours un livre ! J'étais sûr qu'il dirait ça ! Il n'y aurait rien d'agréable dans la vie à part les livres ?

J'en ai assez des livres mais je ne dis rien.

Je préfère disparaître dans le couloir. La voix de papa hurle :

– Ne réveille pas maman, elle se repose. Et ne réveille surtout pas Elise, elle dort.

Je jette un coup d'œil dans la chambre des parents. Il fait tout noir. Maman a fermé les rideaux, des gros rideaux en velours vert. Quand j'étais tout petit, j'aimais me cacher derrière les rideaux. Maman devait me retrouver. « Basile, Basile, où es-tu ? » J'entendais la voix se rapprocher, et tout à coup les rideaux s'ouvraient. À chaque fois, j'avais peur ; à chaque fois, je sursautais, c'était bien. Avec papa, les rideaux servaient pour les spectacles. Je me cachais et papa

disait: « Et maintenant le petit Basile, le génial Basile va apparaître devant vous ! Mesdames et messieurs applaudissons-le bien fort ! » J'écartais brutalement le rideau. Papa et maman applaudissaient et regardaient mon spectacle. J'adorais les spectacles.

Les rideaux sont bien fermés. On ne voit pas qu'il fait jour dehors.

Elise dort sur maman. Elle est étalée sur tout son corps. Elle est tellement grosse qu'elle va étouffer maman. D'ailleurs, maman est peut-être déjà étouffée. Elle ne bouge plus du tout.

J'aime bien ma chambre. Sur mon bureau, il y a ma lampe, une grosse boule blanche, et l'abat-jour bleu posé à côté, et une petite caisse à outils que mon oncle Bernard m'a offerte à Noël, et une radio éventrée que j'ai déjà regardée pendant des heures. Je ne savais pas qu'à l'intérieur des radios, il y avait tellement de fils et de toutes les couleurs. C'est une idée extraordinaire de mettre des fils de plein de couleurs différentes à l'intérieur de la radio, des fils que personne n'a l'idée de voir, sauf moi, Basile. Je me suis demandé de quelles couleurs étaient les fils à l'intérieur de la télé mais je n'ai pas encore osé regarder. Il faudrait que la télé se casse. Alors, je pourrais demander qu'on m'en fasse cadeau.

Il y a un grand silence dans la maison comme tous les dimanches avant quatre heures, l'heure à laquelle Elise se réveille de sa sieste. C'est à cause d'elle que le dimanche est devenu un jour affreux. Même un jour d'école, c'est mieux que le dimanche.

Ce qui prend beaucoup de place dans ma chambre, c'est la bibliothèque. Papa a mis une semaine à la construire. Pourtant le vendeur avait dit: « Vous verrez, monsieur, c'est un jeu d'enfant! » Le vendeur avait seulement oublié que papa n'était plus un enfant et que ces jeux-là ne l'amusaient plus du tout. Il avait quand même réussi et la bibliothèque avait envahi mon mur.

Je suis le garçon de sept ans et demi qui a le plus de livres au monde. Même les enfants de la maîtresse n'ont pas autant de livres, même les enfants de la libraire. Tout le monde m'offre des livres. Papa et maman d'abord mais aussi papi et mamie et tous mes oncles et mes tantes, sauf mon oncle Bernard. Ils ne m'en offrent pas seulement à Noël ou à mon anniversaire, ça ferait déjà beaucoup, mais à n'importe quel moment. « Tiens, Basile, je t'ai apporté un petit cadeau. Devine ce que c'est ? »

Peuh, comment peuvent-ils croire qu'ils font une surprise quand ils me tendent un objet plat, dur et rectangulaire ? Parfois même, ils ne prennent pas la peine de l'envelopper de

papier-cadeau. De toute façon, ça ne sert à rien. Je reconnais tout de suite un livre. Ce n'est jamais une surprise. Ce n'est jamais un cadeau. Je remercie, je suis obligé, ce ne serait pas gentil de ne pas dire merci, et je vais ranger le livre dans la bibliothèque.

Personne ne sait que je déteste les livres.

Elle n'est même pas droite, cette bibliothèque. Un jour, elle s'écroulera ! Mais les livres ne se casseront pas. Ça ne se casse pas, les livres.

Je prends le premier livre de la bibliothèque et je le jette contre le mur. Le livre heurte le mur sans faire trop de bruit. Je le ramasse. Le livre n'a rien. À peine une légère égratignure. Je prends un deuxième livre et le jette plus fort en prenant la posture du lanceur de poids. Toujours rien. Je prends un troisième livre, un plus

gros, un album. L'album s'ouvre pendant son vol et s'aplatit sur le mur comme une grosse crêpe géante.

Lorsque je le ramasse, je vois que l'album se porte encore très bien, qu'il vivra longtemps, qu'il peut rester sur cette bibliothèque pour l'éternité. « Éternité ». Le mot résonne dans la chambre. On mourra tous mais pas les livres.

Ils devraient construire des livres en matière d'assiette, ce serait mieux, vraiment mieux. J'aurais des piles de livres en porcelaine, des livres qui seraient tellement ébréchés que maman finirait bien par les jeter.

Elle est prête à jeter mes choses les plus précieuses : les piles usées, les bouts de ficelle, les canettes vides, et même les boîtes à chaussures, mais les livres, jamais! Elle les recouvre de plastique, les recolle, panse les plaies avec du scotch qui a jauni. Certains ressemblent à de grands blessés condamnés, mais ils ne finiront jamais dans la poubelle.

Maman passe la tête dans ma chambre. Elle a la marque de l'oreiller sur la figure. Ça lui fait deux grosses rides sur la joue. C'est à cause d'Elise qui ne veut jamais s'endormir toute seule. À force de lui chanter des chansons, maman finit par s'endormir avec elle. Elise tire sur la jupe de maman et crie: «Balou! Balou!» Depuis le jour où je lui ai offert mon ours Balou, Elise m'a appelé Balou.

C'est le premier mot qu'elle a dit et papa et maman étaient très fiers. Je ne sais pas si je dois être content d'avoir le nom d'un ours.

– Qu'est-ce que tu fais, Balou? demande maman en bâillant.

– J'ai lu un livre.

Je mens mais ça fait tellement longtemps que je mens que ce n'est presque plus un mensonge.

– Ah bon, lequel? demande maman qui essaie de remonter la jupe qu'Elise continue à tirer.

Je jette un coup d'œil sur l'album que je viens d'aplatir contre le mur.

– L'histoire d'un loup qui se prend pour un chien.

– Ah ? C'est drôle !

Il n'y a rien de drôle, c'est bête, mais je ne dis rien. Maman est tellement fière de dire à tout le monde : « Basile adore les livres. Il les dévore ! »

– Tu sais ce que tu devrais faire maintenant, Balou ?

– Non, je sais pas. J'ai rien à faire. J'ai tout lu déjà.

– Tu devrais ranger ta chambre. Non, mais franchement, tu as vu cette chambre ?

Je regarde ma chambre.

Ce que je voudrais, c'est me débarrasser de la bibliothèque, la supprimer de mon mur, le plus grand de la chambre. J'aurais un grand mur nu.

– C'est un véritable capharnaüm, ici. Regarde ton bureau. Je me

demande pourquoi on t'a acheté un bureau !

– Mais pour poser mes choses ! C'est pas des cafards mes choses quand même !

Maman éclate de rire.

– Capharnaüm, ça veut dire désordre, bazar, mon petit Balou ! Un bazar qui envahit tout comme des cafards !

Maman est de très bonne humeur.

– Écoute, si tu ranges ton bureau, ce qui te permettrait de faire tes devoirs dessus, je te promets une surprise pour cet après-midi. Elise va t'aider. Tu la gardes cinq minutes, juste le temps que je me prépare et que tu ranges ta chambre. D'accord ?

Je n'ai aucune envie de ranger ma chambre, encore moins envie de garder Elise qui a déjà repéré ma magnifique construction, un immeuble fait de toutes les canettes que j'ai mis un an à collectionner.

– Je préfère faire mes devoirs par terre.

– Un bureau n'est pas un cimetière pour les vieux transistors et les lampes démontées. Arrête de démonter les choses, Basile. Ça énerve papa. Il est grognon aujourd'hui. Range tout ça.

Je ne peux pas m'empêcher de poser la question.

– C'est quoi, la surprise ?

– On va sortir tous les deux. On laisse Elise à papa. Il ne veut pas mettre le nez dehors, de toute façon.

– C'est pas une surprise ! On va où ?

– Range d'abord. Dès que tu auras fini, je te dirai.

Maman a disparu.

J'éloigne Elise de ma construction en canettes. Je connais Elise, elle ne pense qu'à tout casser. Je la pose sur la moquette au milieu de la chambre. Elise se met aussitôt à quatre pattes. Elle a bientôt deux ans, mais elle est très en retard pour son âge. Elle ne sait pas encore marcher. Elle restera peut-être toujours comme ça. Elle grandira, elle ira à la grande école mais à quatre pattes! Tout le monde se moquera d'elle.

Elise a découvert mon carton avec mes bouchons de liège.

– C'est beau, ça, Balou, rès, rès beau.

Je lui retire de la bouche le bouchon déjà mouillé de salive. Ça me dégoûte.

– C'est dégoûtant ce que tu fais. Tiens, regarde, je te donne un livre à moi, hein?

Elise prend le livre et montre la première image.

– Lapin tout vert, dit Elise qui sait reconnaître toutes les couleurs et les répète comme un perroquet toute la journée.

Je connais ce livre par cœur. Pas besoin de le lire. Il suffit de regarder les images. C'est l'histoire d'une dame lapin qui devient toute verte le jour de son mariage.

C'est complètement idiot. Mamie a des lapins. Ils restent enfermés dans des cages, et après, mamie leur tord le cou, et on les mange. Les lapins ne se marient pas. Ils sont tout cuits dans des cocottes, voilà où ils sont.

– Lapin tout jaune, pas beau, dit Elise en regardant une autre image.

Elle tourne mal les pages, elle les froisse. Elle trouve ça très amusant et, comme je ne dis rien, elle continue. Au bout de quelques secondes, elle a déchiré la page. Elle la mâchouille et la transforme en petites boulettes qu'elle écrase entre ses doigts et qu'elle essaie de faire rouler :

– Billes, Balou ! Billes ! On zoue aux billes ?

Je me marre. Il ne reste plus rien de la tête du lapin.

– Bravo, Elise ! Continue ! Dévore le livre !

Je prends le cadavre de la radio et la lampe démontée et je les mets dans une boîte à chaussures que je range dans mon armoire à côté de mes robots cassés, là-bas, tout au fond du dernier casier derrière les pyjamas et les chaussettes. Elise joue avec ses boulettes de papier. Si maman voyait ça, ce serait un drame. « On ne doit jamais abîmer un livre, jamais!» Je lui retire des mains ce qu'il reste du livre de Karen Grundstat, l'écrivain préféré de maman.

Où est-ce que maman va m'amener? Musée de la marine, Palais de la découverte ou Cité des sciences?

– Allez, on y va ! Basile, mets tes chaussures neuves. Tu ne peux pas sortir avec ces vieilles chaussures. Il faut les jeter.

– Non ! Non ! Je mets les neuves mais ne jette pas les vieilles !

– Ma aussi ! Ma aussi ! hurle Elise. Elle a quitté les bras de papa et elle revient à quatre pattes en montrant sa paire de chaussures.

– Je ne me sens vraiment pas bien, dit papa. Tu pourrais peut-être...

– Pas question, dit maman. Ça fait longtemps que je ne suis pas sortie seulement avec Basile.

Je me rends compte soudain que maman est plutôt bien comme mère,

même si elle est aussi la mère d'Elise qui continue à crier : « Balou ! Balou ! Ze veux Balou ! »

J'ai mis mon manteau et ma casquette et j'entraîne maman dans l'escalier.

Dehors, il pleut. « C'est une tempête, dit maman, mais on y va quand même ! »

– Où on va, maman, où on va ?

– Au Salon du livre ! crie maman.

J'ai juste le temps de détourner mon visage avant qu'elle s'aperçoive que j'ai la tête d'un condamné à mort.

5

Ça ressemble à une gare. Ils ont passé du temps à la démonter, à arracher les rails, à supprimer les trains. Qu'est-ce qu'ils ont fait des trains ? Non, ce n'est pas une gare. Il n'y a pas de ciel.

C'est peut-être une cathédrale. Oui. Ils ont installé le Salon du livre dans une cathédrale. Le plafond est tellement haut qu'on ne le voit plus, et il est en verre mais il n'y a pas de vitraux de toutes les couleurs, seulement du verre et le bruit de la pluie qui cogne dessus.

Il faut lever la tête si haut que je sens que je vais attraper un torticolis. J'ai peur des torticolis depuis que je suis resté la tête bloquée à gauche pendant une semaine. C'était le jour où j'avais passé la tête dans la cheminée pour voir si vraiment un homme, le père Noël par exemple, pouvait passer par là. J'avais trois ans. Si le père Noël existait, il devait être très maigre, et la hotte, en tout cas, ne passait pas. Un père Noël sans hotte, ça ne marche pas. Je n'avais plus cru au père Noël.

Dans la cathédrale qu'ils appellent le Salon du livre, il y a du monde, beaucoup de monde, et des livres, beaucoup de livres, tous les livres de la planète.

– Tu as vu, Basile ? C'est beau, hein ? dit maman en souriant comme

si elle était devant le trésor des pharaons d'Egypte.

La pluie continue à frapper là-haut sur la verrière.

Et si les vitres du plafond éclataient ? Si l'eau du ciel tombait sur les livres ? Ils deviendraient tout mous, ils n'existeraient plus. Il n'y aurait plus un seul livre sur toute la Terre. On n'obligerait plus les enfants à les lire. On pourrait enfin jouer tranquillement à démonter des lampes et des télévisions.

Il commence à faire chaud et j'ai très mal au pied droit. C'est à cause des chaussures neuves que maman m'a obligé à mettre.

– Je crois que je vais avoir une ampoule, maman.

Maman ne m'écoute pas.

– Allez, viens, on va voir les livres

pour enfants et tu pourras choisir tous ceux que tu voudras. Enfin, pas tous, bien sûr, mais au moins trois.

Encore trois livres, moi qui rêve de me débarrasser de toute ma bibliothèque ! Maman court à droite, à gauche.

Il n'y a rien à voir, seulement des tonnes de papier que personne ne pourra jamais lire et qui sont enfermées dans cette cathédrale en forme de labyrinthe. Et si on n'arrivait plus jamais à sortir ? Et si, maman et moi, on était enfermés là, et qu'elle m'oblige à lire les livres, tous les livres ? Combien de temps ça prendrait ? L'éternité. Je ferme les yeux. Je sens mon pied qui fait mal. Je donnerais tous mes bouchons de liège pour que cette surprise s'arrête.

Derrière une table, assis sur un tabouret, il y a un monsieur tout petit qui est caché par une pile de livres, tous les mêmes. Il s'embête. Ça se voit sur son visage qu'il n'a pas envie d'être là. Il a peut-être, lui aussi, une ampoule au pied. Aussitôt qu'il voit maman, il lui fait un grand sourire.

Maman prend un livre mais le repose tout de suite :

– Excusez-moi, monsieur, vous ne savez pas où se trouvent les stands pour les enfants ?

Le sourire du monsieur a disparu. Il désigne un point très loin sans rien dire. Comme il n'a absolument rien à faire, je lui demande :

– Excusez-moi, monsieur, vous n'auriez pas des autocollants ?

– Non !

– Et des pin's ?

– Non !

– Et des affiches ?

– Non !

Ce monsieur n'aime pas les enfants. Il appuie son visage sur sa main et regarde la verrière. Il attend lui aussi qu'elle s'écroule.

Il devrait vendre des oranges sur les marchés comme tonton Bernard. C'est plus drôle. Il pourrait crier : « Des livres, des livres, achetez mes beaux livres ! Dix francs les deux kilos, n'hésitez pas ! C'est une affaire ! »

Maman marche très vite et me traîne derrière elle. L'ampoule au pied droit commence à grossir et à brûler.

– Ah ! enfin, ça y est ! On est arrivés !

Ce n'est pas du tout un stand comme à la foire. Pourtant, ils auraient pu essayer. Il aurait suffi d'aligner les livres sur les étagères, et on aurait eu le droit de jouer à les faire tomber avec des balles de chiffon. Ça s'appelle « jeu de massacre », ce jeu-là. Je suis très fort à ce jeu.

Ici, il y a encore plus de bruit que partout ailleurs et des enfants : des grands, des petits et même des bébés plus petits qu'Elise qui s'en fichent des livres et qui hurlent. Ça fait mal à la tête.

Ici aussi, on voit des dames et des messieurs assis derrière des tables couvertes de livres. Ceux-là sourient

sans arrêt. Ils doivent avoir mal aux joues.

– Tu vois, Balou, ces gens qui sont assis ? Ce sont les écrivains ! Tu te rends compte ? Tu peux leur parler. Regarde, Balou ! C'est Karen Grundstat ! crie maman.

Je cherche une dame lapin toute verte en robe de mariée. Je n'ai jamais imaginé autrement Karen Grundstat. Maman me traîne devant la dame. Elle est grosse, elle transpire. Elle n'a pas spécialement de grandes oreilles, mais elle a des poils sur le grain de beauté qui est au-dessus de sa bouche. Elle n'est pas verte mais rouge.

– Mon fils Basile aime beaucoup vos livres, hein, Basile ?

– Non.

Ça m'est sorti d'un seul coup ce « non », et je sens que je ne pourrai plus m'arrêter.

La dame sourit, mais le sourire de maman ressemble à une grimace.

– Mais comment non ? Tu vois,

c'est cette dame qui a écrit l'histoire de la dame lapin qui devient verte de peur le jour de son mariage. Tu te souviens ?

– Non.

– Mais enfin, tu sais bien, l'histoire du mariage des lapins ?

– Non.

– Excusez-le, dit maman à Karen Grundstat. Il est très fatigué.

– Ça ne fait rien, dit Karen Grundstat. S'il a aimé l'histoire du lapin, il aimera peut-être celle du crocodile qui a perdu toutes ses dents et qui a honte. Vous verrez, c'est très amusant…

– Mais oui, sûrement. Tu veux

cette histoire, Basile ? Mme Grundstat te fera une belle dédicace.

– Non, j'aime pas. Si le crocodile n'a plus de dents, il n'a qu'à porter un

appareil. De toute façon, c'est bête. Ça n'existe pas un crocodile sans dents, et si ça existait, alors le crocodile serait mort. Est-ce qu'il est mort votre crocodile ?

– Non, dit Karen Grundstat.

– Alors j'en veux pas de votre livre. Moi j'aime que les crocodiles sans dents qui meurent.

– Mais enfin, Basile, qu'est-ce que tu as ? Pourquoi tu as dit ça ?

Cette fois, je n'en peux plus de ces milliers de pages et d'images de lapins qui se marient, de crocodiles qui perdent leurs dents, dc cochons qui s'achètent des maisons de campagne, de souris qui n'en finissent plus de se reproduire. Tant pis pour Mme Karen Grundstat ! Tant pis pour maman qui se débarrasse de moi à la moindre occasion avec des livres, et qui ne comprend pas que j'ai mal aux pieds ! Tant pis si maman ne m'aime plus !

– Je veux pas de livres ! J'aime pas les livres ! J'en veux pas ! J'ai mal aux pieds !

Au stand de la maison d'édition la plus importante du livre pour enfants, tout le monde me regarde mais ça m'est égal. Maman a les yeux écarquillés. Elle lève les bras et elle les baisse. Elle fait ce mouvement plusieurs fois de suite. Elle ne fait rien d'autre.

Moi, je me suis assis par terre, j'ai retiré ma chaussure droite et ma chaussette.

– Moi non plus, je veux pas de livres, dit une fille. J'ai faim, je veux une crêpe.

– Tais-toi, Myrtille, dit la mère de Myrtille. C'est incroyable. Si votre fils n'est pas intéressé par la lecture, vous devez d'abord vous en prendre à vous-même madame, etc...

– La barbe ! dit soudain maman. Laissez-le tranquille ! Il a mal aux pieds et on étouffe ici !

Je regarde mon pied. Je n'ai jamais vu une ampoule aussi énorme. Je crois que je pleure. Je n'ai même pas honte de pleurer. Tout m'est égal.

Tout à coup, maman met la chaussure et la chaussette dans son sac et me prend par la main. Elle se précipite droit devant elle. Moi, je fais ce que je peux pour la suivre, mais j'ai peur qu'on m'écrase le pied.

Juste au moment où on arrive à la porte, Karen Grundstat me tend le livre du crocodile sans dents.

– Tiens ! Je crois que tu t'appelles Basile ? Je sais que tu n'aimes pas les livres, mais je n'ai rien d'autre à te donner. Je suis désolée.

Elle me caresse les cheveux et je m'essuie le nez avec la manche de mon blouson.

Dehors, il pleut de plus en plus fort.

– Maman !

– Ah non ! dit maman. Ne me demande pas pardon tout de suite. Je suis trop énervée. On verra à la maison.

– Maman ! J’ai peur de marcher sur une crotte de chien. Tu peux me remettre ma chaussure ?

Alors, mon Basile, c'était bien cette surprise ?

Papa a ouvert la porte. Il tient Elise dans ses bras. Elle a du feutre rouge sur toute la figure. Papa aussi.

– Qu'est-ce que vous avez fait ? Qu'est-ce que c'est, tout ce feutre ? demande maman.

– C'était très drôle, dit papa, mais je suis content de vous voir. Je crois que j'ai de la fièvre.

– C'est rès rès grôle, ajoute Elise.

– On a joué, explique papa à maman qui n'a pas l'air du tout convaincue.

– J'ai montré à Elise à quoi ressemblait la jaunisse, et puis on a joué à la rougeole et à la varicelle. Elle est très intelligente, ma Lisette. Elle a fait des points rouges différents pour la rougeole et la varicelle. Tu te rends compte ? Ah, j'oubliais, ton frère Bernard est passé. Il a décidé de faire un voyage en Afrique. Il était déçu de ne pas vous voir. Il a mis un cadeau pour toi, Basile, sur ton lit. J'ai mal au crâne. J'ai dû attraper la crève.

– Formidable ! dit maman.

Papa n'y comprend rien.

– Mais enfin, qu'est-ce qui se passe ? Tu as trouvé de beaux livres, Basile ?

– Ton fils déteste les livres !

Je ne réponds pas et je cours m'enfermer dans ma chambre.

D'abord, je retire ma chaussure. La chaussette est collée à l'ampoule qui a crevé. J'arrache tout. Ça fait mal.

C'est ce que je voulais. Je souffle sur ma plaie. C'est ce que papa et maman faisaient quand j'étais petit et que je me faisais mal. Ils soufflaient sur le bobo, et la douleur s'arrêtait. Quand je le fais tout seul, ça ne marche pas aussi bien.

Je jette sur mon lit l'histoire du crocodile. Je ne la lirai jamais. Je regarde le cadeau de Bernard. Je n'ai pas envie de l'ouvrir. Je ne veux plus de cadeaux, plus de surprises. Je ne veux plus rien.

Il fait sombre dans ma chambre et il ne fait plus assez clair pour réparer la lampe.

Je m'allonge sur mon lit et je

regarde ma bibliothèque. Maintenant, ils savent que j'ai menti, que ça fait longtemps que je fais semblant d'aimer les livres mais que je ne les aime pas. Papa et maman ne m'aimeront plus puisque je n'aime pas lire.

La seule histoire que j'aime, c'est celle du Petit Chaperon rouge que papa me racontait quand j'étais tout petit. Papa faisait très bien la voix du loup. C'était papa et ce n'était pas lui, et ça faisait vraiment peur.

Maintenant, je suis trop grand. Papa n'a plus le temps de me lire des histoires. Tout ça, c'est la faute de l'école. Si je n'avais pas appris à lire, je pourrais demander qu'on me raconte des histoires. C'est la faute d'Elise aussi qui ne peut jamais s'endormir seule et qui réclame des chansons et des histoires.

J'essaie de faire la voix du loup: « Comme vous avez de grandes dents ! » Ça ne me fait rien. Je n'ai pas peur de ma voix.

– Basile ! Basile !

C'est la voix de papa. Il n'a pas la voix du loup.

Il me prend dans ses bras et il colle sa joue qui pique sur la mienne. Elle est très chaude, la joue de papa.

– Ça fait une heure que tu es enfermé dans ta chambre ! Tu peux venir près de nous, quand même, mon petit bonhomme ! Allez viens, on reparlera de tout ça plus tard. On va pas en faire toute une histoire.

Il n'a pas l'air fâché du tout. Karen Grundstat n'est pas son écrivain préféré et papa n'a pas beaucoup le temps de lire. Moi, en tout cas, je ne le vois jamais lire.

Dans le salon, papa et maman ne parlent pas du tout de Karen Grundstat mais de Bernard. C'est le frère de maman. Il ne lui ressemble pas du tout. Il est toujours en voyage et il change sans arrêt de métier. L'année dernière, il est parti six mois en Inde et, à son retour, il a été bûcheron. Maintenant, il vend des oranges sur les marchés et il a décicé d'aller faire un voyage en Afrique.

– J'aimerais bien partir avec lui. Là-bas, il verra des crocodiles, des crocodiles qui ont des dents.

– Évidemment que les crocodiles ont des dents ! dit papa en éclatant de rire. Où est-ce que tu as vu qu'il existait des crocodiles sans dents, mon Balou ?

– Dans un livre.

Je n'ose pas regarder maman en disant ça.

– C'est incroyable ce qu'on peut raconter comme âneries aux enfants ! dit papa qui n'a pas l'air dans son état normal.

– Mais c'est dans une histoire ! dit maman. Bon, ça suffit, mange tes raviolis et va te mettre en pyjama, Basile. On discutera de tout ça demain. Ça m'a épuisée, ce dimanche.

Je regarde maman. Je m'approche d'elle. Je voudrais lui demander pardon mais je n'y arrive pas. J'ai peur qu'elle ne me pardonne jamais.

Papa est allongé sur le canapé. Il n'a rien mangé du tout. Il a les yeux qui brillent très fort. On voit encore des traces de feutre sur sa figure.

– Fais-moi un bisou, Balou ! Et va voir la surprise de Bernard !

La surprise de Bernard, c'est un jeu. Sur le couvercle, il y a écrit : *L'électricité, un jeu passionnant.*

Bernard a glissé une lettre dans la boîte.

Mon neveu préféré (ne le dis à personne), je ne sais pas si nous nous verrons avant mon départ pour l'Afrique. Je sais que tu es très doué pour l'électricité. Lis bien le livret qui explique comment marchent les lampes, et à mon retour on fera une construction électrique géante! Bisous à Balou de Bernard!

Je n'arrive pas à être content. Je me mets en pyjama, j'écoute la voix de maman qui chante des berceuses à Elise. J'attends qu'elle vienne me faire son bisou du soir. Je l'attends mais j'ai peur qu'elle vienne et qu'elle me parle de Karen Grundstat.

Je lis quand même la première page de mon livre sur l'électricité avec ma lampe de poche. C'est très dur.

Je fais un rêve. Je construis une lampe géante, une lampe composée de tous les livres de ma chambre, une gigantesque colonne lumineuse. Une voix me réveille et la colonne s'effondre.

– Balou ! Balou !

J'ouvre les yeux. Dans la chambre, il fait tout noir. C'est la nuit. Elise s'est allongée tout contre moi.

– Retourne dans ton lit, Elise. Tu n'as pas le droit de dormir ici !

Je repousse Elise en espérant qu'elle va aller toute seule dans son lit.

– Pas dodo, dit Elise.

Je m'assois sur mon lit et je me frotte les yeux. Elise s'assoit et se frotte les yeux à son tour. Je me gratte la tête. Elise se gratte la tête. J'ai trop sommeil pour m'énerver.

Le couloir est allumé et on entend des voix dans la chambre des parents. Je me demande ce qu'ils se disent en pleine nuit. Ils parlent sûrement de moi. Ils vont me mettre en pension et on m'obligera à lire un livre par jour. Il vaut mieux que je me sauve avec Bernard en Afrique.

– Qu'est-ce qui se passe ?

– Papa a la rouzole. C'est rès grôle, me répond Elise.

Papa est tout rouge sous les draps blancs. Le médecin est là. Maman tourne autour du lit en répétant : « Ce n'est rien ! Ce n'est rien ! Enfin quoi, c'est une bonne grippe ! »

– Une grippe asiatique, précise le médecin.

Papa le regarde terrorisé.

Je n'ose pas entrer dans la chambre. Je ne sais pas ce que c'est, la grippe asiatique. Elise est partie chercher ses feutres et commence à se faire des points rouges sur les bras.

– On zoue à la rouzole, Balou ?

Maman me regarde. Un fils qui déteste lire, une petite fille qui ne dort jamais, un frère qui disparaît en Afrique et un mari qui a une grippe asiatique, c'est beaucoup pour un dimanche. Je lui envoie un baiser avec la main, je prends Elise dans mes bras et je la couche dans mon lit. Inutile d'espérer qu'elle dorme dans le sien, à moins de lui chanter pendant deux heures des chansons. Elise peut rester les yeux ouverts deux jours de suite.

Elle s'endort blottie contre moi et l'ours Balou. Il faudrait que je lui apprenne à marcher.

Papa est vraiment malade. Depuis deux jours, maman s'occupe beaucoup de lui. Elle dit qu'il fait des caprices et elle n'a pas le temps de s'occuper d'Elise et encore moins de moi. Plus question de parler du Salon du livre et de Karen Grundstat.

J'ai réuni tous mes copains à la récré et je leur raconte une histoire que Karen Grundstat n'imaginerait jamais :

– Mon père a une maladie asiatique très rare ! Ses yeux sont tout rouges et ils ont gonflé comme des balles de ping-pong ! Il a des pustules géantes qui font du pus qui coule sur tout le corps quand elles éclatent. Si on touche mon père, il est tellement

chaud qu'on se brûle les mains ! Ma mère met des gants de pompier pour le toucher ! En en plus, ses cheveux se décollent de sa tête et il a une voix d'animal ! Personne n'a le droit de venir chez nous ! Personne !

J'insiste sur cette dernière phrase pour le cas où un copain aurait l'idée de venir vérifier.

Le mercredi, je vais toujours à la garderie.

Maman me réveille tout doucement. Je sursaute. Depuis dimanche, à chaque fois qu'elle entre dans ma chambre, j'ai peur qu'elle regarde les livres, qu'elle se souvienne de ce que j'ai dit et qu'elle ne m'aime plus. Elle parle très vite.

– Balou ! Écoute ! Aujourd'hui, tu ne vas pas à la garderie. Je file travailler. J'amène Elise à la crèche et toi, tu restes ici et tu t'occupes de papa. De temps en temps, tu vas le voir et tu l'obliges à boire ! Je t'ai préparé un pique-nique dans la cuisine. Sois sage, tu peux lire plein de liv... Non, enfin, trouve-toi une occupation ! Je ne rentrerai pas tard, mon petit Balou. Et ton ampoule au pied ? Je ne l'ai même pas vue !

– J'ai mis un peu de ton parfum dessus, maman. Le parfum, c'est de l'alcool. C'est guéri.

Maman m'embrasse, regarde la bibliothèque et soupire.

La porte claque. Maman et Elise sont parties. Je me demande ce que je vais faire quand j'entends la voix enrouée de papa :

– Basile ! Tu es réveillé, Basile ?

– Oui, papa.

Papa est au lit avec trois oreillers derrière la tête, une tête encore un peu rouge mais plutôt grise parce qu'il refuse que maman le rase. Je n'aime pas que papa ait cette tête-là.

– Tu veux bien ouvrir la fenêtre, mon Balou ? On ne respire pas dans cette chambre.

Je ne sais pas si j'ai le droit d'ouvrir. Maman ne m'a rien dit.

– Il faut que tu boives de l'eau, papa.

– Oui, oui, je sais. Ouvre la fenêtre.

J'obéis. Papa disparaît sous les couvertures.

– Ferme la fenêtre, Balou.

– Mais tu viens de dire qu'il fallait l'ouvrir.

– Oui, mais il fait trop froid, finalement.

Maman a raison. Il fait des caprices.

– Qu'est-ce que tu vas faire ce matin, Balou ?

– Je vais jouer.

– À quoi ?

– Au jeu de l'électricité que Bernard m'a donné.

– Mets-toi près de moi, tu veux bien ? Je m'ennuie tout seul.

Je vais chercher mon jeu, mais quand je reviens de ma chambre, papa s'est endormi. Il ronfle un peu. Il a l'air tout petit et très vieux.

Tout à coup, je me souviens de mon rêve. Je cours dans ma chambre et je reviens avec une pile de livres et tout ce qu'il faut pour fabriquer ma colonne lumineuse. Puisque les livres disparaîtront, autant qu'ils servent à quelque chose. Je choisis les livres les plus abîmés et je commence à les empiler les uns sur les autres et à les faire tenir avec du scotch et de la colle pour faire un beau pied de lampe.

J'étudie mon livre sur l'électricité.

Au bout d'une heure, je n'ai pas encore réussi à faire fonctionner ma lampe. C'était beaucoup plus simple dans mon rêve.

– Qu'est-ce que tu fais, Basile ?

Papa s'est réveillé.

– Je fabrique une surprise pour maman. Une lampe de livres. J'ai choisi les livres qui étaient les plus abîmés.

Papa regarde la construction et sourit.

– Tu sais qu'il a raison ton oncle Bernard. Tu es très doué pour l'électricité.

– Tu peux pas m'aider, papa ? Il y a un truc que j'ai pas compris.

– Euh, je ne sais pas très bien, mon Basile.

– S'il te plaît, papa. Tu écoutes bien ce que je lis. C'est pas dur.

Papa essaie de comprendre mes indications. Il a beaucoup de mal. C'est sûrement la faute de la grippe asiatique. Mais il fait tellement d'efforts que ça marche.

La colonne de livres lumineuse est prête. Elle est un peu tordue et beaucoup plus petite que dans mon rêve mais elle est très jolie quand même.

Papa a eu l'idée de bien faire tenir les livres avec des fils électriques de toutes les couleurs. Il est très content d'avoir réussi. Encore plus que moi.

– C'est une œuvre d'art ! Tu sais ce qui me ferait plaisir maintenant, Basile ?

– Dis-moi, papa, dis-moi. Je ferai tout ce que tu voudras. Tu veux qu'on fasse une autre construction ?

Tu veux que je te montre mon transistor cassé et qu'on essaie de le réparer ?

– Non, dit papa. Apporte-moi un autre oreiller.

– Mais papa, tu en as déjà trois.

– Mais tu vois bien qu'ils ne tiennent pas !

Ça y est, il recommence ses caprices.

Je cours chercher un autre oreiller parce que papa est malade et qu'il a quand même réussi à fabriquer une lampe. Fabriquer une lampe avec des livres, quand on a la grippe asiatique, c'est un exploit. Papa devrait figurer dans le livre des records.

– Je voudrais que tu viennes t'asseoir à côté de moi et que tu me lises un livre. Moi, je n'ai pas le courage de lire. Je me sens très fatigué.

– Une histoire ? Quelle histoire ?

– Apporte un livre que tu ne connais pas et lis-le-moi. Ça me reposera.

Je me suis installé à côté de papa sous la couverture. Il n'y a aucun risque. Le médecin a fait des piqûres à toute la famille contre la grippe asiatique.

Le quatrième oreiller, c'était pour moi. Je le cale bien derrière mon dos.

Je regarde le livre que Karen

Grundstat m'a donné, je n'ai pas du tout envie de le lire.

– C'est une histoire inventée par une grosse dame moche.

Papa rigole.

– Vas-y, Basile, lis !

– C'est une dame qui croit que les animaux et nous, c'est pareil !

– Mais commence, Basile !

J'ouvre la première page. J'ai promis et les promesses, c'est sacré.

« Anatole est un crocodile qui ressemble à tous les autres crocodiles. Seulement voilà. Anatole est un crocodile qui ne croque rien du tout. Il n'a pas dc dents. Il n'en a jamais eu. »

Papa éclate de rire. Il rit tellement qu'il se met à tousser très fort.

– Il faut que tu boives de l'eau, papa !

Je tiens le verre d'eau et je fais

boire papa qui continue à rire et se renverse de l'eau partout.

– Continue, Basile!

Et je continue, jusqu'à la fin de l'histoire. «Le crocodile Anatole mâche de l'herbe à côté d'une vache. Ensemble, ils regardent passer les trains.» Ma voix n'est pas la même quand je lis pour moi et quand je lis pour papa. Je lis très bien. J'ai dix sur dix en lecture.

Papa applaudit. Il n'a plus l'air tellement malade.

– Tu veux que je te raconte l'histoire préférée de maman? Celle de la dame lapin qui devient verte de peur le jour de son mariage? Je vais inventer la première page parce qu'Elise l'a mangée.

– Oh oui ! dit papa.

« Deux lapins s'aiment et décident de se marier, mais la dame lapin a peur, tellement peur de ne pas être assez belle le jour de son mariage, qu'elle devient verte, verte de peur... »

Quand maman revient avec Elise, papa s'est endormi. La grippe asiatique, ça fait beaucoup dormir. Moi, je fais semblant de dormir avec lui... Le livre de Karen Grundstat est ouvert sur le lit.

Maman va aller dans sa chambre,

elle découvrira la colonne de livres lumineuse, le dessin d'un crocodile sans dents et un petit mot que je lui ai écrit :

Mamoune, la lampe est pour toi. Fais attention qu'Elise ne la casse pas. Papa n'a pas voulu boire beaucoup d'eau. Il dit qu'il en a assez de boire de l'eau. J'ai réfléchi. Ne jette pas mes livres. Ça peut être bien, les livres... quand on est malade.

un crocodile sans dents...
...

ça n'exiſte pas !